SOCIÉTÉ ACADÉMIQUE INDO-CHINOISE DE FRANCE
POUR L'ÉTUDE SCIENTIFIQUE ET ÉCONOMIQUE DE L'INDE-TRANSGANGÉTIQUE ET DE LA MALAISIE
Extrait, n° 19, du Bulletin de la Société Académique Indo-Chinoise, 2e série, t. III, Octobre 1883.

LA FAMILLE ROYALE DE SIAM

LES PRINCES : CHAOFA, PHRA-ONG-CHAO, MOM-CHAO. — LES KROMS.

D'après des Documents Siamois Inédits

PAR

EUGÈNE GIBERT

SECRÉTAIRE GÉNÉRAL DE LA SOCIÉTÉ ACADÉMIQUE INDO-CHINOISE,
Membre de la Société de Géographie de France,
Membre Correspondant des Sociétés de Géographie de Nancy, Rochefort et Madrid,
Membre Correspondant de l'Association Royale des Archéologues Portugais, etc.

PARIS
AU SIÈGE DE LA SOCIÉTÉ
44, RUE DE RENNES, 44

CHALLAMEL Aîné, Libraire-Éditeur
5, RUE JACOB.

ERNEST LEROUX, Libraire-Éditeur
28, RUE BONAPARTE.

1884

SOCIÉTÉ ACADÉMIQUE INDO-CHINOISE

HAUT PROTECTEUR

S. M. Somdetch Phra Paramindr Maha Chulalonkorn Phra Chula Chom Klao, Roi de Siam du Nord et du Sud et de ses Dépendances du Laos, du Pays Malais et du Pays Karean.

MEMBRES DU BUREAU

Président.

Marquis de Croizier, Orientaliste, Officier de l'Instruction Publique.

Vice-Présidents.

Malte-Brun (V.-A.), secrétaire général honoraire de la Société de Géographie.
Favre (l'abbé), professeur de malais et javanais à l'École des Langues orientales.

Secrétaire général.

Eugène Gibert, Orientaliste.

Secrétaire général honoraire.

Aristide Marre, Orientaliste.

Secrétaire.

Hugot (A.), capitaine d'infanterie, ancien professeur à l'École spéciale militaire de Saint-Cyr.

Secrétaire-Adjoint.

Havet (A.-R.), publiciste;

Archiviste-Bibliothécaire.

A.-W. Taylor, ancien chancelier du consulat général de Siam.

Trésorier.

Paul Guerreau, Officier d'académie, Orientaliste.

MEMBRES DU CONSEIL

Azevedo (F. d'), Chargé d'affaires de Portugal en France, Membre de l'Académie des Sciences de Lisbonne;
Bazin (F.), professeur aux Écoles Turgot et Colbert et à l'Association Polytechnique;
Castonnet des Fosses, avocat à la Cour d'appel ;
Delaporte (lieutenant de vaisseau), ancien membre de l'exploration du Më-Kong, ancien chef de la mission archéologique aux ruines khmers;
Deloncle (François), secrétaire d'ambassade ;
Dilhan (le comte), ancien capitaine de cavalerie, secrétaire d'ambassade ;
Dru (Léon), ingénieur ;
Dupuis (Jean), chef de l'expédition du fleuve Rouge au Tong-Kin ;
Feer (Léon), bibliothécaire du département des manuscrits de la Bibliothèque nationale;
Giquel (Prosper), directeur de la Mission chinoise;
Gréhan (A. de), consul général de Siam;
Hervey de Saint-Denis (marquis d'), membre de l'Institut (Académie des Inscriptions et Belles-Lettres), professeur de chinois au Collège de France;
Houssaye (Henri), rédacteur au *Journal des Débats* et à la *Revue des Deux-Mondes;*
Lagougine (commandant), capitaine de frégate;
Levasseur (Emile), de l'Institut (Académie des Sciences Morales et Politiques), professeur au Collège de France et au Conservatoire des Arts et Métiers ;
Meyners d'Estrey (comte), directeur des *Annales de l'Extrême-Orient ;*
Michels (Abel des), professeur d'annamite à l'École des Langues orientales;
Ravel, ancien conseiller à la Cour d'appel de Pondichéry ;
Ravisi (baron de), ancien gouverneur de Karikal (Inde française) ;
Saint-Arroman (R. de), Chef de Service au Ministère de l'Instruction publique;
Simon (G.-E.), ancien consul de France en Chine ;

LA

FAMILLE ROYALE DE SIAM

LES PRINCES : CHAOFA, PRA-ONG-CHAO, MOM-CHAO. — LES KROMS.

A SON ALTESSE ROYALE LE PRINCE PRISDANG,

HOMMAGE RESPECTUEUX,

EUGÈNE GIBERT.

LA FAMILLE ROYALE DE SIAM[1]

LES PRINCES : CHAOFA, PHRA-ONG-CHAO, MOM-CHAO. — LES KROMS,

D'APRÈS DES DOCUMENTS SIAMOIS INÉDITS,

Par EUGÈNE GIBERT,

Secrétaire Général de la Société Académique Indo-Chinoise.

(Extrait n° 19 du Bulletin de la Société Académique Indo-Chinoise.)

(2e série, t. III, Octobre 1883.)

La famille royale de Siam observe des coutumes qui, pour la plus grande partie, lui sont particulières, et qui diffèrent même sensiblement de celles du Laos, malgré le voisinage des deux pays. Ainsi à Siam, un prince ne laisse pas son titre à toute sa descendance, tandis qu'au Laos les fils d'un prince prennent tous le titre de leur père; aussi arrive-t-il souvent à Xieng-mai et à Luang-Prabang, par exemple, de voir des princes remplir les modestes fonctions de caporal et se montrer très fiers de commander à neuf ou dix hommes.

Ces coutumes sont restées ce qu'elles étaient avant 1351, et si elles ont subi quelques modifications quant aux appellations et aux préséances, elles ne s'en sont pas moins conservées intactes dans leurs parties essentielles. On comprend que le souverain régnant dut parfois les mettre en harmonie avec les besoins de son temps. De 1350 à 1550, elles changèrent fort peu, puis vint une période de transition pendant laquelle elles devinrent à peu près ce qu'elles sont aujourd'hui.

Pour étudier les anciens usages et la vieille étiquette de la Cour de Siam, on a un guide précieux, c'est le *Phra:Aja:Kan—Montheraban* ou *Edits du Palais*, code des lois édictées en 1359, huit ans après la fondation d'Ayuthia, par le célèbre Roi Ramathibodi 1er, pour le règlement intérieur du palais (2). Les prérogatives royales y sont déterminées ainsi que les privilèges des princes, et les fonctionnaires de tout rang y sont énumérés dans leur ordre, avec leurs devoirs et leurs droits; malheureusement la plupart des expressions employées sont hors d'usage et les érudits seuls peuvent lire le *Montheraban*, bien que le nom de cet ouvrage soit populaire parmi les Siamois.

Les lois de Ramathibodi établissent quatre degrés de hiérarchie pour les princes fils du Roi :

1° Ceux qui sont issus du Roi et d'une Reine de sang royal (*Akka-*

(1) Communication faite à la Société Académique Indo-Chinoise dans sa séance du 31 octobre 1883.

(2) Voir la savante *Notice des Manuscrits Siamois de la Bibliothèque Nationale*, par M. le Mis de Croizier. 2e série, *Jurisprudence, Droit Siamois*, n° xxv.

mahesi); ils sont appelés *Somdetch-No-Putthi-Chao* : « Très excellents rejetons du sage Seigneur »; ils ne peuvent quitter, sous aucun prétexte, la capitale ;

2° Ceux qui sont issus du Roi et d'une princesse, fille de Roi; ils sont appelés *Luk-Luang-Ek* : « Enfants royaux de première classe » ; ils sont ordinairement gouverneurs des provinces de première classe, telles que *Pits-Anulok*, *Sukothai* et *Nakhon-Rachasima* (Korat) :

3° Ceux qui sont issus du Roi et d'une princesse petite-fille de Roi ; ils sont appelés *Luk-Luang* : (Enfants royaux », et sont ordinairement gouverneurs des provinces de deuxième classe, telles que *Sarwankalok* et *Supan* ;

4° Les enfants du Roi et d'une concubine; ils sont appelés *Phra-Yaovarat* : « Jeunes gens royaux »; ils ne reçoivent pas de gouvernement.

Les Somdetch-No-Putthi-Chao ont la préséance sur les Luk-Luang-Ek, qui l'ont eux-mêmes sur les Luk-Luang, qui l'ont à leur tour sur les Phra-Yaovarat.

Dans la même classe, c'est l'âge qui assigne le rang que chacun doit occuper; l'aîné des Somdetch-No-Putthi-Chao a le pas sur tous, mais l'aîné des Luk-Luang-Ek ne vient qu'après le plus jeune, c'est-à-dire le dernier, des Somdetch No-Putthi-Chao. Encore aujourd'hui, un vieillard doit céder le pas à un enfant d'un rang plus élevé que le sien, et si la courtoisie oblige souvent un neveu à faire passer son oncle devant lui, l'habitude oblige celui-ci à refuser cette politesse.

Des Chaofa.

Les Luk-Luang-Ek et les Luk-Luang, nommés au gouvernement des provinces, devaient les administrer réellement, aussi le peuple prit-il l'habitude de les nommer *Chaofa*, c'est-à-dire « princes-gouverneurs », littéralement « Princes venus des Cieux pour gouverner », ce qui rappelle l'origine divine attribuée par les Indous aux rois et aux princes. — Peu à peu, ce titre de Chaofa fut étendu à tous les gouverneurs, même à ceux des petites provinces, et on l'appliqua même à des rois, ces gouverneurs des nations : dans la correspondance échangée entre le Siam, le Laos et les chefs des tribus des montagnes, à l'occasion de la campagne organisée contre les maraudeurs Hanc, on voit que le mot Chaofa fut fréquemment usité pour désigner les rois de Siam et d'Annam, et des petits gouverneurs, comme ceux de *Niüt* et *Senui*. Le titre de Chaofa n'appartenait cependant qu'aux fils du Roi dont les mères étaient filles ou petites-filles de Roi. Les Somdetch-No-Putthi-Chao ne le prenaient pas et les Phra-Yaovarat ne pouvaient y prétendre.

La coutume de nommer gouverneurs de provinces les princes des deuxième et troisième degrés prévalut pendant près de deux cents ans ; elle tomba ensuite peu à peu en désuétude, car elle avait des inconvénients et il en résulta souvent de grands malheurs pour le pays, lorsque les Chaofa prétendaient au trône ou qu'ils se liguaient, avec les ennemis du Siam, pour disposer de la couronne.

Le titre de Chaofa, qui n'avait plus sa raison d'être, ne disparut cependant pas et il continua longtemps à être donné aux princes des deuxième et troisième degrés; mais comme des raisons politiques empêchaient le plus souvent les Rois d'élever des princesses au rang suprême de Reine et que, par suite, il n'y eut plus de Somdetch-No-Putthi-Chao ou princes du premier degré, les princes du deuxième degré devinrent naturellement les premiers entre les enfants du Roi, et le mot *Chaofa* qui les désignait légalement devint synonyme de prince du rang le plus élevé ; l'ancienne appellation de Somdetch-No-Putthi-Chao fut oubliée, et même, quand il y eut des Reines, leurs enfants furent traités de *Chaofa*.

Chaofa devint donc ainsi, et il est resté, le titre le plus élevé du Siam.

Quand les Chaofa gouvernaient des provinces de première classe, ils déployaient une pompe presque royale et, entre autres droits, ils avaient celui de se faire escorter par un escadron de lanciers dans leurs promenades ou leurs voyages, et de faire accompagner leur embarcation sur le fleuve par de longues barques montées par des porte-étendards. Ils ont conservé aujourd'hui encore ces deux prérogatives royales.

Seuls parmi les princes, les Chaofa peuvent boire l'eau du serment dans la coupe qui sert au couronnement des Rois; si les Brahmanes s'en servaient, et ils ne le feraient pour rien au monde, pour d'autres princes que les fils du Roi et d'une princesse de sang royal, il s'ensuivrait les plus grands malheurs (1).

Seuls avec le Roi, ils peuvent recevoir sans mourir, de la main des Brahmanes, les offrandes offertes chaque année à Vichnou pendant la fête de *Piti-Iri-Jam-Pawai*.

A compter de leur naissance, ils ont la préséance sur les autres princes ; ils ont leur musique, avec des instruments particuliers, un répertoire spécial, et des voix dont les mélodies, comme musique et paroles, ne sont employées que pour eux; autour de leur berceau, les Brahmanes psalmodient des odes tirées du *Ranaxana* (Ramayana) ; des officiers sont attachés à leur personne, ainsi que des pages et des précepteurs; ils ont une maison vraiment royale, et tous ceux qui la composent reçoivent le titre honorifique de *Phra* et sont appelés : *Phra-Pidieng-Phra-Nom*.

Lorsque le Chaofa atteint sa neuvième année, c'est sur un radeau

(1) Cette cérémonie n'a pu avoir lieu pour le Wangna ou second Roi actuel, parce que son ancêtre maternel n'était pas de sang royal.

placé sous une pagode à quatre étages qu'il accomplit la grande cérémonie de l'immersion dans les eaux du fleuve. La cérémonie de la tonte du toupet d'un Chaofa donne lieu à des fêtes qui durent six jours, et pendant lesquels les processions se succèdent; le Chaofa prend place sur une colline artificielle construite pour la circonstance et représentant le mont *Krailat* (Merou); il est assis sur un trône, reposant sur une peau de lion, les pieds sur un tapis brodé d'un dragon; son toupet, au lieu d'être divisé en trois mèches comme pour tous les autres Siamois, est séparé en cinq parties.

Les Chaofa nommés *Krom*, ou chefs d'un important service, sont qualifiés au moins de *Krom-Khün*, tandis que leurs collègues sont simplement *Krom-Mün*, et dans l'échelle de la hiérarchie, par rapport aux *Sakna* ou honneurs, les Chaofas sont ainsi placés :

Un Chaofa, frère du Roi, a 20,000 sakna, et s'il est Krom, 50,000;

Un Chaofa, fils du Roi, a 15,000 sakna, et s'il est Krom, 40,000.

Un prince, fils de concubine, frère du Roi, a 7,000 sakna; s'il est Krom, il a 15,000 sakna.

Un prince, fils de concubine, fils du Roi, a 6,000 sakna; s'il est Krom, il a 15,000 sakna.

Un prince, fils de concubine, petit-fils du Roi, a 4,000 sakna; s'il est Krom, il a 15,000 sakna.

Cette échelle de proportions hiérarchiques établie depuis bientôt cinq siècles, fait ressortir l'importance reconnue par les lois siamoises aux Chaofa.

Quand les fils d'un Roi et d'une concubine sont nommés à un grand emploi ou *Krom*, ils cessent de porter leur nom et ne sont plus connus que par celui de leur fonction, tandis que les Chaofa conservent leur nom, ou, pour parler plus exactement, le titre qui leur est conféré, à l'âge de neuf ou dix ans, et dont le diplôme, gravé sur une plaque en or, leur est remis par le Roi lui-même.

Lorsque le Roi régnant était encore Chaofa, les titres qui lui avaient été donnés étaient: *Somdetch-Phra-Chao-Luk-Yah-Jö-Chaofa-Chulalongkorn-Brodinthara-Thephaya-Maha-Mongkut-Burutsaya-Ratana-Rat-Rawiwongs-Wurutana-Pongs-Boriphat-Sri-Watana-Racha-Kuman.*

Dans le titre du Chaofa, il y a toujours le nom ou une partie du nom de son père; ainsi les mots *Maha-Mongkut*, dans les titres du Roi actuel, sont les deux surnoms les plus connus du feu Roi, père de Sa Majesté; quelquefois, il y a altération dans les noms du père, et un étranger ne peut que très difficilement les retrouver; dans les titres du frère du Roi, la filiation de ce prince n'est rappelée que par le mot *Makut*, altération de *Mongkut*; dans les titres du Chaofa Maha-Mala, les noms de son père le Roi Phra-Putthi-Löt-La, dont l'un des surnoms était *Isara*, se présente sous la forme méconnaissable de *Mahisarathirat.*

Les princesses Chaofa reçoivent des noms très courts dans lesquels les noms de leur père ne sont pas rappelés.

Les Chaofa ont comme insignes des coupes, des théières et des boîtes en or émaillé; les autres princes n'avaient droit qu'à des insignes en or non émaillé, mais le Roi Phra-Chom-Klao permit à quelques-uns d'entre eux de se servir d'insignes émaillés, portés sur un simple plateau d'or. Deux ou trois grands seigneurs sont autorisés à se servir d'insignes d'or avec émaux chinois, mais l'émail royal appelé *Ya-Rachawadi* continue à être exclusivement réservé aux princes.

Un Chaofa, héritier présomptif du trône, prend les titres de *Upato-Siyati-Sansutta-Khroni*, « celui qui est bien né paternellement et maternellement et qui descend d'un sein pur ».

Lorsque meurt un Chaofa, il est veillé par des pleureurs spéciaux et par des chantres qui psalmodient des airs funèbres autour du corps pendant les préparatifs des funérailles; ce n'est que plusieurs semaines, et quelquefois plusieurs mois après le décès qu'a lieu la crémation sur un immense bûcher élevé spécialement en forme de montagne pyramidale et surmonté d'un magnifique pavillon (*Phra-Mane*).

Comme à Siam le langage diffère selon la situation respective des interlocuteurs, le peuple ne doit appeler les Chaofa que *Jun-Kramom*; de même, les *Phaya* doivent être appelés par leurs égaux et leurs inférieurs *Chao-Khun* « Seigneur des bienfaits ».

Ces appellations populaires ne sont généralement pas en usage à la cour et ce serait une grave inconvenance de parler au Roi d'un Phaya en disant Chao-Khun; cependant, en audience privée, on peut dire Jun-Kramom pour un Chaofa, mais, dans tous les rapports officiels, l'étiquette exige que tous les noms et titres officiels soient énoncés.

Les fils d'un Roi et les enfants d'un Chaofa nomment leur père *Jun-Kramom-Keon* ou *Jun-Kramom*, comme l'a ordonné le Roi Phra-Chom-Klao.

Tous ces usages datent des deux siècles qui suivirent la fondation d'Ayuthia et ils ont toujours été scrupuleusement observés; seule, la onte du toupet, par suite de circonstances politiques, n'a pu parfois avoir lieu avec toute la pompe ordinaire.

Le *Montheraban* édicte beaucoup d'autres principes d'étiquette, dont la relation serait d'autant plus fastidieuse qu'ils sont pour la plupart tombés en désuétude; nous les passerons donc sous silence, pour examiner comment a pu s'acquérir, en dehors des princes, fils d'un Roi et d'une princesse de sang royal, le titre de Chaofa.

L'histoire nous apprend qu'il y a eu des Chaofa de sept origines différentes :

1° *Les Chaofa créés lors de l'établissement d'une dynastie.* Un Roi s'emparant du trône, par droit de conquête, peut créer Chaofa les membres de sa famille qui auraient été Chaofa, si lui-même avait été fils de Roi et de princesse de sang royal. Ainsi le Roi Phra-Phutti-Yot-Fa, en prenant la couronne, éleva au rang de Chaofa ses deux sœurs aînées, ainsi que les quatre enfants qu'il avait eus de Soudetch-Amarundr-Ammat qui, elle-même, fut faite princesse. Le Roi Phra-Nang-Klao, lui, ne put élever ses frères au rang de Chaofa, parce qu'il avait succédé au trône au lieu de s'en emparer;

2° *Les Chaofa par droit de naissance.* Ce sont, comme nous l'avons vu, les enfants d'un Roi et de la fille d'un Roi, comme Chao-Fa-Maha-Mala, fils de Phra-Putthi-Löt-La et de la princesse Chaofa Kun-Kân, fille de Phra-Phutti-Yot-Fa;

3° *Les Chaofa par droit de naissance limité.* Les enfants d'un Roi et d'une petite-fille d'un Roi ne sont Chaofa que si leur mère a été élevée au rang de *Phra-Ong-Chao* ou si elle possédait ce titre en naissant, ce qui n'arrive que pour les princesses dont le père et la mère sont tous deux enfants d'un Roi ; le cas se présente rarement et le titre de Chaofa dépend le plus souvent, pour les princes fils de Roi et d'une petite-fille de Roi, du bon plaisir du souverain. Le Roi-Phra-Chom-Klao éleva Mom-Chow-Ying, fille du prince Lakkana-Ruman, au rang de Phra-Ong-Chao, et son enfant fut Chaofa; il éleva au même rang et fit ensuite Reine épouse Mom-Chao-Ramphoi, petite-fille du Roi Phra-Nang-Klao, et en eut quatre enfants qui furent Chaofa;

4° *Les Chaofa, enfants d'une princesse étrangère, fille d'un Roi indépendant ou dépendant de Siam, qui n'a pas été détrôné.* Ces princes ne sont pas Chaofa de droit, mais le Roi peut leur en donner le titre. Ainsi la princesse Kunkan, fille du Roi de Vieng-chan, fut créée Chaofa. Les Chaofa de cette classe sont moins considérés que ceux qui appartiennent à la famille même du Roi. Sous le règne de Phra-Chom-Klao, lorsque les princesses Nak-Emm et Juanku-Suphea, filles, la première du Roi du Cambodge et la seconde du sultan de Linga, entrèrent dans le harem royal, le Roi décida que tous les enfants qu'elles lui donneraient seraient Chaofa, mais cette décision fut très impopulaire ;

5° *Les Chaofa, enfants d'une princesse Chaofa.* Ils ne sont Chaofa que par courtoisie; le nombre en est très restreint, car les princesses Chaofa ne peuvent épouser qu'un prince de leur rang ; il leur est même interdit de se marier à un Phra-Ong-Chao, fils de Roi, et, à plus forte raison, à un prince étranger ou à un roturier ; elles doivent donc s'unir seulement avec leurs plus proches parents, avec les Chaofa Wangna ou avec le Roi lui-même, et, comme ces unions entre proches répugnent aux princes de premier rang, elles restent filles le plus souvent ;

6° *Les Chaofa, enfants du Wangna (2e Roi) et d'une princesse créée Chaofa,* élevée à ce titre par faveur du premier Roi. Tel fut le cas de la princesse Pi-Kung-Jong, dont la mère était une princesse de Xieng-mai, et celui du prince Isarapong, dont la mère était fille d'un Wangna. Ce dernier, après être resté simple Phra-Ong-Chao jusqu'à sa trentième année, fut élevé à la dignité de Chaofa. Souvent les enfants du deuxième Roi ne deviennent pas Chaofa, bien que leur mère soit princesse, et, quand ils le deviennent, ils ne sont pas qualifiés de *Somdetch*, mais de *Phra-Bowora-wangs*.

Les enfants d'un Wangna et d'une mère Chaofa sont de droit Chaofa. C'est le cas prévu par le cinquième paragraphe de cette énumération.

7° *Les Chaofa, fils d'une Chaofa et d'un Siamois qui a rendu d'immenses services à la patrie.* On n'en peut citer qu'un seul exemple, c'est celui du général qui devait régner plus tard sous le nom de Phra-Putthi-Sot-Fa; il était Maha-Kram-Suk ou grand Roi de la guerre avec pleins pouvoirs, et il jouissait d'une immense renommée et d'une grande faveur; Phaya-Jaksin, Roi de Sanabouri, lui donna sa fille en mariage, et ce fut le fils né de cette union qui fut créé Chaofa.

Depuis trois cents ans, il n'y a pas eu d'autres Chaofa que ceux que nous venons d'énumérer. Les lois sont muettes sur la hiérarchie à laquelle les Chaofa doivent être soumis les uns vis-à-vis des autres. Le Roi actuel pense, cependant, que l'âge doit déterminer les préséances et que des oncles et des frères aînés doivent passer avant les neveux et les frères cadets; mais le peuple ne connaît pas ces distinctions, et il accorde d'autant plus de respect à un Chaofa que sa mère est née plus près du trône.

Des Phra-Ong-Chao.

Ont le titre de Phra-Ong-Chao :

1° *Tous les fils du Roi et de ses concubines;* ce sont les princes placés au quatrième rang par le *Montheraban* et appelés autrefois *Phra-Yaovarat*; leurs mères ont le titre de *Phra-Sanôm* ou de *Chao-Chom-Mandâ*; ils sont égaux entre eux;

2° *Les fils du Wangna (second Roi)*; au temps où Ayuthia était la capitale, les enfants des Wangna n'étaient pas de droit Phra-Ong Chao; on les appelait souvent *Mom-Chao*, mais depuis que la capitale est à Bang:kôk ce titre leur a été donné, en récompense des services rendus par les Wangna pendant les guerres;

3° *Les enfants du Wang-Lang (remplaçant du second Roi)*; ils sont Phra-Ong-Chao pour les mêmes raisons que les enfants des Wangna;

4° *Les petits-enfants du Roi*, quand leur père et leur mère sont nés tous deux d'un Roi;

5° *Les petits-enfants d'un Roi, dont le père ou la mère n'est pas enfant de Roi*: ils ne peuvent être Phra-Ong-Chaó qu'en vertu d'un décret du Roi, quand ils sont fils aînés ou qu'ils se sont signalés par des services rendus au pays; les petits-enfants d'un Wangna ou d'un Wang-Lang ne peuvent jamais devenir Phra-Ong-Chao.

Il y a donc cinq sortes de princes Phra-Ong-Chao, mais leur rang est déterminé par une classification tout à fait différente, qu'indiquent les premiers mots du titre de chacun.

Voici cette classification :

1° *Phra-Chao-Borom-Anjakató,* les grand-pères et grand'mères de *To,* c'est-à-dire de *Lui* le Roi régnant ;

2° *Phra-Chao-Boroma-Wongstó,* les oncles et les tantes de lui, le Roi ;

3° *Phra-Chao-Pi-Ya-tó,* le frère aîné du Roi ;

Phra-Chao-Pi-Nang-tó, les sœurs aînées du Roi ;

Phra-Cha-Nong-Ya-tó, les plus jeunes frères du Roi ;

Phra-Chao-Nong-Nang-tó, les plus jeunes sœurs du Roi.

Ces trois grades sont égaux en dignités ou *sakna* ; ils ont droit à 7,000 sakna et à 15,000 quand ils sont *Krom* ;

4° *Phra-Chao-Luk-Chai-tó,* fils du Roi ;

5° *Phra-Chao-Luk-Ying-tó,* filles du Roi ;

6° *Phra-Chao-Rachawongs'tó,* titre spécial institué sous le règne du Roi Phra-Chom-Klao, en faveur des fils du Roi son frère et prédécesseur, Phra-Nang-Klao, qui en vertu des lois de l'étiquette auraient dû tomber du rang de fils à celui de neveux du Roi. Ce titre assure aux fils du dernier Roi les mêmes prérogatives que celles dont jouissent les fils du souverain régnant; les uns comme les autres ont 6,000 sakna et 15,000 quand ils sont Krom.

Les princes qui appartiennent aux cinq catégories précitées forment la première classe des Phra-Ong-Chao.

La seconde classe comprend sept catégories, à savoir :

1°, 2°, 3°, 4°, *Phra-Chao-Warawongs-tó.* Ce sont : 1° les fils du Wangna du règne du Roi Phra-Putthi-Yot-Fa; 2° les fils du Wangna du règne du Roi Pra-Putthi-Lot-La ; 3° les fils du Wangna du Roi Phra-Nang-Klao, plus âgés que S. M. le Roi régnant ;

5° *Phra-Chao-Boworawongs-tó,* de première classe; ce sont les enfants du Wangna du règne de Phra Chom Klao, plus jeunes que le Roi régnant ;

6° *Phra-Chao-Boworawongs-tó,* de seconde classe ; ce sont les enfants du Wangna actuel;

7° *Phra-Chao-Law-tó* ; ce sont les neveux ou les petits-fils du Roi, qui sont élevés au rang de Pra-Ong-Chao, parce qu'ils sont fils d'une princesse Phra-Ong-Chao ou qu'ils ont été nommés d'abord Mom-Chao.

Ces sept catégories ont droit à 4,000 sakna, et à 10.000 quand ils sont Krom.

La troisième classe des princes Phra-Ong-Chao comprend trois catégories ;

1° *Phra-P'rapant'-awongstó*, enfants de la *Krom-Mun-Malaya-Pitak*, grand'mère maternelle du présent Roi ;

2° *Phra-Wongstó*, petits-fils des Rois précédents qui ont droit au rang de Phra-Ong-Chao parce qu'ils sont fils d'une princesse Phra-Ong-Chao ou qu'ils sont déjà Mom-Chao ;

3° *Phra-Samp'ant-awongstó*, fils d'un Wang-Lang, ou fils des Chaofa, sœurs aînées du Roi Phra-Putthi-Lot-Fa.

La loi n'a jamais assigné de sakna aux Phra-Ong-Chao de la troisième classe, et ils n'ont que les 1,500 auxquels leur donne droit leur titre de Mom-Chao ; c'est certainement une lacune du code, car leur sakna devrait être plus élevé. Quand ils sont Krom, ils ont les 10,000 sakna des princes de la deuxième classe.

Telles sont les trois classes et les quinze qualifications des princes Phra-Ong-Chao; il est certain qu'il naîtra par suite de la continuation de la dynastie de nouvelles complications de parenté et que, pour chaque règne, il faudra créer un ou deux titres nouveaux.

Les princes Chaofa, parmi les titres qui précèdent, se servent toujours de celui qui exprime leur parenté avec le Roi régnant, en le faisant précéder du mot Somdetch.

Les titres expriment parfois le rapport de parenté entre le Roi et celui qui en est revêtu, comme dans *Pi-Ya*, frère aîné; mais le plus souvent les titres sont simplement des qualificatifs purement honorifiques, comme « Race Royale » pour les cousins du Roi; « Grand Roi et Race Brillante » pour les parents du Wangna, cousins au deuxième ou troisième degré. Le dernier mot du titre « *De lui* » est le plus significatif, car il implique la parenté avec le Roi suprême et ne peut se rapporter qu'à S. M. — Le peuple a quelquefois voulu l'appliquer aux enfants du Wangna, mais les délinquants, encore sous le dernier règne, étaient punis du rotin.

Les Rois ont quelquefois autorisé des personnages d'un rang inférieur à porter certains de ces titres, mais ce sont là de rares exceptions. Le Roi actuel a conféré le titre de *Phra-Anjaka-tó*, « Grand-mère de lui », à S. A. R. la Krom-Somdetch-Phra-Suda-Ratana-Rat-Prayûn, sa grand'tante maternelle, qui veilla sur lui après la mort de sa mère et qu'il avait toujours regardée comme sa grand'mère; il a aussi conféré le titre de *Phra-Ong-Chao-Boroma-Wongs-tó*, « Oncle de lui », au Krom-Phra-Pawaret-Waruja-Longkorn, chef des prêtres, son précepteur, qui était seulement par sa naissance prince de deuxième classe et qui n'avait droit qu'au titre de *Warawongs-tó*. C'est un fils du Wangna du règne de Phra-Putthi-Lot-La.

Des Princes Mom-Chao.

Au-dessous du titre princier de Phra-Ong-Chao, est celui de *Mom-Chao;* il appartient aux enfants des Chaofa et de Phra-Ong-Chao, dont les mères ne sont pas Phra-Ong-Chao. Ils ont 1,500 sakna.

Les enfants des Mom-Chao sont *Mom-Rachawong* avec 500 sakna. Les enfants des Mom-Rachawong sont *Mom-Luang*, avec 400 sakna. Les enfants des *Mom-Luang* ne sont pas titrés.

Quand les Mom-Rachawong ou les Mom-Luang ont une charge de quelque importance, on les appelle ordinairement *Mom-Rachanikûn*. Dans l'ancienne organisation militaire, ils étaient les gardes du corps du Roi et montaient les éléphants qui protégeaient l'éléphant royal ; ils avaient alors 1,000 sakna ; ces emplois n'existent plus aujourd'hui.

Souvent les *Mom-Rachawongs* ne portent pas leur titre princier pour prendre celui de leur charge.

Sous l'ancien régime, leur tenue de cour était le « pa-som-phak », ceinture en drap imprimé, signe distinctif de leurs fonctions ; la noblesse portait une ceinture en soie blanche unie, et les princes du premier rang portaient celle qu'ils voulaient.

Le Roi peut faire, en faveur des princes Mom-Chao, sept nominations différentes dans les Krom.

Il peut les nommer :

1° A la dignité de *Krom-Phra-Rachawong-Bowora-Sathan-Mongkow-fai-ha*, « chef de l'avant-garde », appelé second Roi par les étrangers. Deux princes peuvent recevoir simultanément cette dignité. Lorsqu'elle n'a qu'un titulaire, il est appelé *Krom-Phra-Rachawong* ou *Phra-Ban-t'ûn-n'hen;* lorsqu'elle en a deux, ils sont appelés l'un le plus grand, l'autre le plus petit *Phra-Bant'ûn* ; ce mot *Bant'ûn* signifie le commandement, mais il s'emploie pour désigner aussi le chef de ce commandement;

2° A la dignité de *Krom-Phra-Rachawong-Bowora-Sathan-Pimûk-fai-Lang*, « chef de l'arrière-garde », ou double second Roi. Deux princes peuvent être élevés simultanément à cette dignité, et cependant il n'y en a eu qu'un seul exemple; l'usage veut que cette dignité n'ait qu'un titulaire, qu'on nomme *Phra-Racha-Wang-Lang* et dont le commandement est appelé *Phra-Banca* ;

3° A la dignité de *Krom-Somdetch-Phra;*

4° A celle de *Krom-Phra;*

5° A celle de *Krom-Luang* ;

6° A celle de *Krom-Khun ;*

7° A celle de *Krom-Mûn.*

Le plus souvent, en prenant la direction de l'un de ces Krom, le prince ne garde que le nom de ses fonctions. Autrefois le nom précédait toujours celui des fonctions, comme il est encore d'usage pour les Chaofa ; mais comme les noms des princes sont souvent courts et répandus et que les Siamois tiennent aux noms longs et sonores, il est poli de supprimer le nom et d'employer celui des fonctions en le faisant précéder de *Nai* «dans», ce qui signifie : « qui est dans tel Krom. » *Krom* peut se traduire par département, ministère, direction, commandement d'un corps ; dans le principe, c'était l'ensemble des partisans d'un prince, son régiment et ses officiers, dont les trois chefs étaient le *Chao-Krom* ou directeur, *Palat-Krom* ou député, et *Samulanchi* ou secrétaire. Ces fonctions existent encore dans les administrations. Le Chao-Krom ou directeur porte le nom de son département ou régiment ; ainsi, dans le *Krom-Mun-Naret-Racha-Wararit*, le Chao-Krom ou directeur a le titre de *Mun-Racha-Wararit*, et celui du prince, titulaire du Krom, est *Nai-Krom* ou *Kromma-Mün-Naret-Racha-Wararit*. Dans les Krom du Wangna et du Wang-Lang (seconds Rois), le directeur ne porte pas le titre de Krom, mais un autre titre qui peut se traduire par : « le Département du Palais-Royal » ; l'organisation des administrations qui relèvent directement du Roi suprême diffère encore par le nombre et le rang de leurs officiers.

Quelquefois les princes prennent le nom de l'un de leurs vieux palais : c'est lorsque les noms de ces palais sont plus connus que ceux de leur propriétaire ; au contraire, les princes qui ont des palais neufs leur donnent leurs noms. Ainsi, le palais du prince Kromma-Nien-Naret est appelé *Wang-Kromma-Nien-Naret*, tandis que le Chaofa-Maha-Mala Kromma-Phra-Bamrap-Parafax, qui habite le vieux *Wang-Nok* ou « Palais Extérieur », est le plus souvent désigné sous le nom de *Chaofa-Wang-Nok*.

Les mots de *Wangna* et de *Wang-Lang*, second Roi et remplaçant du second Roi, ne sont, d'ailleurs, autre chose que ceux des palais que ces hauts fonctionnaires occupaient à Ayuthia ; textuellement ils signifient : *Palais de l'Est* (*Wang* = palais et *Na* = est), et *Palais du dessous* (Wang = palais et *Lang* = en dessous, en arrière). Ils étaient ainsi dénommés parce que le premier était sur la côte Est en face de la ville (*Na*), et que le second était en dessous ou en arrière de la ville (*Lang*). Le peuple avait pris l'habitude de se servir de ces noms, et lorsque la capitale fut transférée à Bang:Kôk, on continua à les employer, bien qu'ils n'eussent plus de raison d'être.

Les *Wangna*, ou seconds Rois, ont chacun un nom distinct ajouté à la partie de leur titre qui exprime leurs fonctions. Ils sont tous *Krom-Phra-Rachawang-Bowora*. Voici les noms de ceux des cinq derniers règnes :

Wangna du règne de Phra Phutta Yot Fa : *Maka Sura* ; Wangna du règne de Nang-Klao : *Maha-Sakdi-Polla-Seph* ; Wangna du règne de Chom-Klao : Roi *Phra-Pin-Klao* ; il fut plus puissant que tous les autres Wangna et eut réellement des attributions souveraines ; Wangna du règne actuel : *Wi-chai-chan.*

Un ordre du Wangna est appelé *Bant'un* ; pour le Wangna Phra-Pin-Klao, on se servait de l'expression *Ongkan* « commandement du Roi » ; un ordre du Wang-Lang est appelé *Bancha*, et ceux des princes d'un rang inférieur, *Rap-Sang*.

Parmi les sept Krom auxquels sont nommés les princes Mom-Chao, nous avons vu que le troisième était le *Krom-Somdetch-Phra.* L'étiquette veut qu'en parlant du titulaire de ce Krom, on fasse précéder le mot *Somdetch* du titre qui indique son degré de parenté avec le souverain. En agissant autrement, Somdetch ne désignerait plus le Krom, mais signifierait que son titulaire est Chaofa.

Le directeur (Chao-Krom) d'un *Krom-Somdetch-Phra* a le rang de *Phaya* ; celui d'un *Krom-Phra* a le rang de *Phra* ; celui d'un *Krom-Luang*, de *Luang*, etc.

Il est rare que les premiers Krom soient donnés à d'autres princes Phra-Ong-Chao qu'à ceux de la première classe ; cependant, sous le règne du roi Phra-Nang-Klao, un fils du Wang-Lang fut nommé *Krom-Luang-Seni*, en récompense de ses services militaires et, sous le règne actuel, un prince, fils du Wangna du règne de Phra-Putthi Lot-La, a été, en raison de sa haute situation sacerdotale, nommé *Krom-Phra-Pawant.*

Deux autres princes, fils de Wangna, ont été nommés *Krom-Khun*, mais, en général, ils ne sont pas nommés à un Krom plus élevé que le Krom-Mun.

Le Krom ou position officielle n'a aucune influence dans les questions de préséance, pour lesquelles on ne consulte que la situation dans la famille royale. Ainsi, à titres égaux, un frère aîné qui n'a pas de Krom précède un frère cadet, titulaire de l'une de ces fonctions.

Les Krom peuvent être donnés aux princesses aussi bien qu'aux princes, mais il sont rarement accordés aux filles des Wangna, à moins que leur mère ne soit princesse.

Tous les princes pourvus d'un Krom, et tous les Phra-Ong-Chao, fils de Roi, ont les mêmes insignes d'or (boîte à bétel, théière, etc.) et sont nommés maintenant commandeurs de l'ordre du Chula-Khom-Klao.

Les princes pourvus d'un Krom ont comme marque distinctive une couronne d'or émaillée, garnie d'une aigrette de plumes, et ils ont droit à un palanquin couvert.

La cérémonie de la tonte du toupet d'un prince qui n'est pas Chaofa n'est pas réglée par la loi, et son plus ou moins de magnificence dépend du bon plaisir du Roi ; il en est de même quand ils prennent la robe du bonze. Au contraire, la loi détermine quelles sont les funérailles qui doivent être faites à tous les princes au-dessus du rang de Mom-Chao ; elle règle la hauteur du bûcher et sa forme, ainsi que la matière de l'urne qui doit être employée pour renfermer les cendres.

Les princes Mom-Chao ont cependant le privilège d'être tonsurés (tonte du toupet) dans l'enceinte du palais royal et de prendre les ordres religieux en la présence du Roi, dans le premier temple royal ; ils ont le droit de donner audience, reçoivent une pension annuelle, et la Couronne fait en partie les frais de leur crémation, et leur donne un cercueil blanc pour les porter au bûcher.

Les Mom-Rachawong, fils des Mom-Chao, et les Mom-Luang, fils des Mom-Rachawong, ne jouissent pas des privilèges des autres princes; ils n'ont guère droit qu'à une minime pension.

Quand ils veulent entrer au service de la cour, ils doivent commencer par être pages (*Mahalek*) comme les fils des nobles, et ils ont rang, non parmi les princes, mais parmi les pages.

Il résulte des règles que nous venons d'exposer que les princes de la famille royale de Siam sont hiérarchiquement divisés en vingt-six classes :

Wangna et Wang-Lang.

1. *Phra-Bant'ûn-Yai*, le Wangna;
2. *Phra-Bant'ûn-Noi*, le Wangna;
3. *Phra-Bancha*, le Wang-Lang.

Fils d'un Roi (du rang le plus élevé).

4. *Somdetch-Phra-Boromanjaka-tó Chao-Fa*, Chaofa qui sont grands parents du Roi;
5. *Somdetch-Phra-Boromawongs-tò-Chaofa*, Chaofa oncles et tantes du Roi;
6. *Somdetch-Phra-Chao-Pi-Ja-tò-Chaofa*, frères et sœurs aînés du Roi ;
7. *Somdetch-Phra-Chao-Nong-Ya-Jò-tó-Chaofa*, frères et sœurs du Roi, plus jeunes que lui ;
8. *Somdetch-Phra-Chao-Luk-Jo-Jó-tó-Chaofa*, enfants du Roi ;

Autres Fils d'un Roi.

9. *Phra-Boromanjaka-tö-Phra-Ong-Chao*, grands parents du Roi ;
10. *Phra-Chao-Boromawongstö-Phra-Ong-Chao*, oncles et tantes du Roi;
11. *Phra-Chao-Pi-La-Jò-Phra-Ong-Chao*, frères et sœurs aînés du Roi ;
12. *Phra-Chao-Nong-Ya-Jö-Phra-Ong-Chao*, frères et sœurs du Roi, plus jeunes que lui ;
13. *Phra-Chao-Luk-Jö-Jö-Phra-Ong-Chao*, enfants du Roi ;
14. *Phra-Chao-Rachawongs-Jò-Phra-Ong-Chao*, cousins du Roi;

(L'âge détermine seulement la préséance des princes des 13e et 14e classes, dont le rang est le même.)

Petits-enfants d'un Roi.

15. *Somdetch-Phra-Chao-Lau-J'ó-Chaofa*, petits-enfants du Roi;

Fils d'un Wangna.

16, 17, 18 et 19. *Phra-Chao-Worawongs-Jó*, de 1re, 2e, 3e et 4e classes; ce sont des Phra Ong Chao;

20 et 21. *Phra-Chao-Boworawongs-Jó*, de 1re et de 2e classes; ce sont aussi des Phra Ong Chao.

Autres princes.

22. *Phra-Chao-Lau-J'ō-Phra-Ong-Chao*, petits-fils ou neveux du Roi;

23. *Phra-Phrap'-Antawongstö-Phra-Ong-Chao*, princes de la famille du grand-père maternel du Roi (le *Krom Mun Mataya Pilak*);

24. *Phra-Wongs-Jö-Phra-Ong-Chao*, princes *Mom-Chào* qui ont été élevés au rang de *Phra Ong Chao*;

25. *Phra-Samp'-ant'-awongs-J'ö-Phra-Ong-Chao*, petits-enfants des sœurs aînées du Roi, les *Phra-Phutta-Yot-Fa*;

26. Mom Chao, placés selon le rang de leur père.

IMPRIMERIE CENTRALE DES CHEMINS DE FER. — IMPRIMERIE CHAIX. — 20, RUE BERGÈRE, PARIS. — 19340-4.

Autres Publications de M. Eugène GIBERT

L'INDE FRANÇAISE, broch. in-8°, Paris, Challamel, 1881.

LA REDDITION DE MADRAS (*Bulletin de la Société Académique Indo-Chinoise*).

UN GÉOGRAPHE FRANÇAIS, EUGÈNE CORTAMBERT (*Ibid.*).

LE MOUVEMENT ÉCONOMIQUE EN PORTUGAL. broch. in-8°, Paris, Challamel, 1881.

LA DÉCOUVERTE DES ILES GARBANZOS, broch. in-8°, 1882.

LA QUESTION DE BORNÉO ET JOLÓ, broch. in-8°, 1882.

LES IGORROTES, de Luçon, d'après Manuel Scheidnagel, broch. in-8°, 1882.

67

SOCIÉTÉ ACADÉMIQUE INDO-CHINOISE

(Extrait de la liste des Publications.)

MÉMOIRES, IN-4°, AVEC PLANCHES. T. I

Ma visite aux ruines cambodgiennes en 1850, avec introduction du Mis DE CROIZIER, par l'abbé BOUILLEVAUX, ancien missionnaire en Indo-Chine.
La langue hindoustanie en Indo-Chine, par GARCIN de TASSY, de l'Institut.
Vocabulaire Lyssou, avec introduction et notes du Mis DE CROIZIER, par le **P. Alex. BIET**, missionnaire au Thibet.
Étude sur les manuscrits du commandant de Lagrée, par le commandant de VILLEMEREUIL, capitaine de vaisseau.
Le Chant de l'Éléphant pour le 5e règne de la dynastie, traduit du siamois par A. LORGEOU, du consulat de France à Bangkôk.
Histoire de l'architecture cambodgienne, par le Mis DE CROIZIER.
Index des mots malais francisés, par Aristide MARRE.
Le Bouddhisme à Siam, par Léon FEER.
Le Tchin-La ou Cambodge d'après les historiens chinois, par le Mis DE CROIZIER.
Notice des manuscrits malais de la Bibliothèque nationale, par Aristide MARRE.
Notice des manuscrits birmans et cambodgiens de la Bibliothèque nationale, par Léon FEER
Notice des manuscrits siamois de la Bibliothèque nationale, par le Mis DE CROIZIER.
Un Temple khmer voué au Nirvâna, par L. DELAPORTE.
Les Monuments khmers classés par provinces, par le Mis DE CROIZIER.
Notes Ethnographiques sur le Thibet, par l'abbé DESGODINS.

T. II

L'Ouverture du fleuve Rouge au commerce, et les Événements du Tong-Kin, 1872-1873. — Journal de Voyage et d'Expédition de J. Dupuis, membre de la Société Académique Indo-Chinoise, ouvrage orné d'une carte, d'après des documents inédits et précédé d'une préface, par M. le Mis DE CROIZIER, président de la Société Académique Indo-Chinoise, 1 f. v. in-4°, chez CHALLAMEL aîné, 5, rue Jacob, à Paris. — Prix: 15 francs.

BULLETIN DE LA SOCIÉTÉ ACADÉMIQUE INDO-CHINOISE

Forme chaque année un fort volume, avec carte et planches, de plus de 600 pages.
Chaque volume 25 francs. — Première Série, 3 vol. in-8°.

DEUXIÈME SÉRIE

TOME I, ANNÉE 1881

Les Missions scientifiques dans l'Inde française, en Indo-Chine et en Malaisie, par R. DE SAINT-ARROMAN.
Étude sur quelques Fragments épigraphiques des Monuments khmers, par Ed. LORGEOU.
Vocabulaire des Mou-Houa, par le même.
Esquisse grammaticale de la Langue de Goa, par JOSÉ FELICIANO GONÇALVEZ CARDOSO.
La Langue portugaise dans l'Inde française et en Malaisie, par Arist. MARRE.
Les Anglais en Birmanie, par Fernand D'AVÉRA.
La Législation de l'Inde française, par Alfred RAVEL.
Documents inédits sur l'histoire et la géographie de l'Inde française, par E. GÉNIN.
Les premiers Princes de l'Annam, par l'abbé C.-E. BOUILLEVAUX.
Les Progrès des études indo-chinoises, par L. DELAVAUD.
La France dans l'extrême Orient. — La Colonie française de Chang-haï, par **E. MILLOT**.
Organisation communale des Indigènes des Philippines, par F. BLUMENTRITT, traduit de l'allemand par le capitaine A. HUGOT.
La province de Zambales, de Luçon, par F. CAÑAMAQUE, traduit de l'espagnol par A.-W. TAYLOR.
Découverte des Iles Garbanzos d'après les documents de l'*Archivo de Indias*, traduit de l'espagnol par E. GIBERT et A.-W. TAYLOR.
Mémoire sur l'Archipel de Joló, par Arturo GARIN, traduit de l'espagnol par le Cte DILHAN et A.-W. TAYLOR.
L'Instruction publique en Cochinchine, par le Mis DE CROIZIER.
De Bahmo à Han-Kow, par E. MILLOT.
Le Portugal à Siam, par le Mis DE CROIZIER.
Les Anglais à Bornéo, par le Mis DE CROIZIER.
Bibliographie, par le Mis DE CROIZIER, E. GIBERT, L. FEER, C. MEYNERS D'ESTREY, etc.
Mélanges.
Procès-verbaux des séances.
Liste des Membres.

SOCIÉTÉ ACADÉMIQUE INDO-CHINOISE

(Extrait de la liste des Publications:)

BULLETIN DE LA SOCIÉTÉ ACADÉMIQUE INDO-CHINOISE

DEUXIÈME SÉRIE

TOME II, ANNÉE 1882

Inscriptions khmers, par le Dr KERN.
La Date du Règne de Sûrya-Varman, par A. BERGAIGNE.
Inscriptions Chiammes de l'ancien Ciampa, par l'abbé E.-C. LESSERTEUR.
Les Castes de l'Inde, par Charles SCHŒBEL.
Mahé et Goa, par E. GÉNIN.
Journal des deux voyages à Siam de Du Quesne-Guitton, par L. DELAVAUD.
La France, le Tong-kin et la Cochinchine, par CASTONNET DES FOSSES.
Archéologie khmer, par le capitaine BARTET.
Coutumes et Constitution de la famille annamite, par TRAN-NGUYEN-HANH.
La Péninsule malaise, *Projets de percement de l'isthme de Krau*, par Léon DRU.
Les Missions portugaises au Cambodge et en Cochinchine, par le Vte de SAN-JANUARIO.
Les premiers Princes de l'Annam, par l'abbé C.-E. BOUILLEVAUX.
Le Poème de Nocor-Vat, traduit du cambodgien, par J. MOURA.
Vocabulaire des mots et locutions particuliers à l'espagnol des Philippines, par A. BLUMENTRITT.
Les Iles Philippines — la Conquête — les Maures, par l'amiral MONTERO Y GAY.
Bibliographie, par le Mis DE CROIZIER, A. MARRE, E. GIBERT, L. FEER, E. PIMPETERRE, A.-R. HAVET.
Mélanges.
Procès-verbaux des séances.
Liste des Membres.

TOME III, ANNÉE 1883

La Souveraineté du Portugal à Macao, par le Conseiller GUSTAVO DUARTE DE NOGUEIRA-SOARES.
Pourquoi nous n'avons pas recouvré l'Inde en 1782, par EUGÈNE GÉNIN.
Histoire des Origines et du Développement des Castes de l'Inde, par CHARLES SCHŒBEL.
Pondichéry au XVIIe siècle, par H. CASTONNET DES FOSSES.
La Famille Royale de Siam, par EUGÈNE GIBERT.
Le Bouddhisme au Laos, par CARL BOCK.
La France, la Haute-Birmanie et le Tong-kin, par F. D'AVÉRA.
Les Relations de la Chine et de l'Annam, par H. CASTONNET DES FOSSES.
Avant-Projet de Percement de l'isthme de Kra ou de Malâka, par le Cte MAHÉ DE LA BOURDONNAIS.
Du Développement des Relations Commerciales de la France avec l'Extrême-Orient, par C. ROUTIER.
Le Commerce des Iles Philippines, par M. CRAMPON.
Les Inscriptions du Cambodge, par LÉON FEER.
Les Iles Philippines: Réformes, Conseils d'un jésuite, Candelario, Coutumes des Visayas, par FRANCISCO CAÑAMAQUE.
L'Ile de la Paragua, par le colonel JACOBO ALEMAN' Y GONZALES.

IMPRIMERIE CENTRALE DES CHEMINS DE FER. — IMPRIMERIE CHAIX. — RUE BERGÈRE, 20, PARIS. — 19342-4.

www.ingramcontent.com/pod-product-compliance
Lightning Source LLC
LaVergne TN
LVHW020508230826
846091LV00008BA/3399

* 9 7 8 2 0 1 3 5 5 6 4 0 8 *